Les Yeux de Carmen

Verónica Moscoso

Adaptation française de Monique Gregory
Rédaction de Daphne O'Neal

Troisième niveau

TPRS Books
8411 Nairn Drive
Eagle Mountain, UT 84005
Phone: (888) 373-1920
Fax: (888) RAY-TPRS (729-8777)
info@tprsbooks.com
www.TPRSBooks.com

et

Command Performance Language Institute
28 Hopkins Court
Berkeley, CA 94706-2512
U.S.A.
Tel: 510-524-1191
Fax:510-527-9880
E-mail: info@cpli.net
www.cpli.net

Les Yeux de Carmen

is published by:

TPRS Books,
which features TPR
Storytelling products
and related materials.

&

*Command Performance
Language Institute,*
which features
Total Physical Response
products
and other fine products
related to language
acquisition
and teaching.

To obtain copies of *Les Yeux de Carmen*,
contact one of the distributors listed on the
final page or TPRS Books, whose contact
information is on the title page.

Vocabulary by Margaret F. Smith and Contee Seely

Cover art by Pol

First Edition published March, 2007
Ninth Printing December, 2016

Printed in the U.S.A. on acid-free paper with soy-based ink.

ISBN 0-929724-44-5 and 978-0-929724-44-7

Chapitre un

Je m'appelle Daniel et je voudrais vous raconter une histoire. Tout a commencé l'année dernière, quand ma mère m'a offert un appareil photo numérique. Tout de suite, j'ai commencé à prendre des photos de tout ce que je voyais, de fleurs, de paysages, de ma famille et de mes amis. Peu après, j'ai commencé à avoir un autre regard sur le monde et à trouver de belles choses partout. Par exemple : dans la forme et la couleur d'une feuille en automne, dans la grâce avec laquelle se déplace un écureuil ou dans l'expression du visage de mes amis quand ils se mettent à rire.

Je me suis mis à lire des livres sur la photographie. De temps en temps, j'allais voir des expositions photos et j'ai commencé aussi à m'exercer de plus en plus. Ma mère était très contente et disait qu'il était rare qu'un adolescent comme moi s'intéresse tant à l'art. J'ai décidé que ce serait mon métier ; je voulais étudier la photographie à l'université. Mon père n'était pas très content de cette idée. Il disait qu'il y avait déjà beaucoup de gens qui s'adonnaient à la photographie et qu'ils ne gagnaient pas un centime.

Ma mère, par contre, pensait que je devais faire ce qui me plaisait le plus. Elle disait que celui qui fait preuve de professionnalisme et d'originalité réussira toujours. Mon père n'en était pas convaincu et me rappelait que lorsque j'étais petit, je disais que je voulais être avocat comme lui. Pour lui, c'était un gâchis de voir un jeune garçon aussi doué que moi, devenir un « simple photographe ».

Un jour, j'ai découvert sur Internet un concours de photos pour les jeunes. J'ai pensé que c'était une bonne occasion. Je ne savais pas si j'allais gagner ou pas, mais je rêvais de gagner, qu'on me donnerait un prix et que finalement mon père aurait confiance en moi. J'en ai parlé à ma mère. Elle m'a dit que je devrais y participer, mais nous étions tous les deux d'accord qu'il serait mieux de ne rien dire à mon père. Mon père n'avait rien besoin de savoir. Si je gagnais, nous allions lui faire la surprise et si je ne gagnais pas, il ne se passerait rien. La semaine suivante, ma mère m'a proposé quelque chose qui m'a surpris.

Elle m'a parlé de tante Caroline, une cousine éloignée qui est mariée avec un Guyanais. Maintenant, tante Caroline et son mari vivent en Guyane et ils ont deux enfants qui ont plus ou moins le même âge que moi. Ma mère a donc proposé que je passe l'été en Guyane avec eux et leur famille.

Selon ma mère, ce serait une bonne occasion pour améliorer mon français et en plus prendre de belles photos. Elle pensait et j'étais de son avis, que lorsque l'on va dans un nouvel endroit, on se rend compte de détails que les autres ne voient plus et l'on peut prendre ainsi de très belles photos.

C'était une décision difficile à prendre parce que mes étés étaient habituellement fantastiques. En été, je me reposais de l'école et je me relaxais ; je passais du temps avec mes amis ; je regardais la télé ; j'écoutais de la musique et je surfais sur Internet. Avec mes parents, nous n'avions pas beaucoup voyagé à l'étranger, sauf en Europe. Jamais je n'avais pensé que j'allais voyager tout seul dans un pays comme la Guyane.

Chapitre deux

Quand j'étais assis dans l'avion à destination de la Guyane, j'avais un peu peur. Je ne savais pas si la décision de partir était la bonne. Mais, j'avais vu des photos et vidéos de la Guyane, et ça me paraissait être un pays magnifique. La Guyane est située au nord-est du continent sud-américain et s'étend entre le Surinam et le Brésil. C'est le seul territoire français sur le continent sud-américain. À l'ouest, on trouve le fleuve Maroni qui forme une frontière naturelle entre la Guyane et le Surinam. À l'est, c'est le Fleuve Oyapock qui sépare la Guyane du Brésil. En allant vers le sud commence la très grande forêt amazonienne dont les seules voies de pénétration sont les fleuves et les cours d'eau. La population est concentrée sur le littoral et les fleuves, ce qui laisse l'intérieur du pays encore vide d'habitants. La Guyane est un véritable sanctuaire naturel, l'un des derniers endroits au monde peu altéré par l'homme.

Ma tante Caroline et sa famille étaient ravis

de me recevoir. C'était aussi une aventure parce que je me rappelais très peu de son visage. En plus, c'était la première fois de ma vie que j'allais vivre dans une famille qui n'était pas la mienne. Le voyage était long, mais j'ai tué le temps en prenant des photos du ciel. Les nuages peuvent avoir quelquefois des formes très intéressantes.

Quand finalement je suis arrivé, mon cœur s'est mis à battre très vite. La première chose qui m'a frappé quand je suis sorti de l'avion était la grosse chaleur et la forte humidité. La situation géographique de la Guyane, près de l'équateur, lui donne un climat équatorial très humide accompagné d'une très longue saison de pluies.

Mon français était loin d'être parfait, mais il était suffisant pour communiquer avec les agents de l'immigration et des douanes sans trop de problèmes. Ma tante Caroline et sa famille m'attendaient à l'aéroport. C'était très facile de reconnaître mes parents parce qu'ils tenaient une pancarte qui disait « Bienvenu Daniel ». André, le mari de ma tante, est métisse, mais leurs deux enfants, François et Isabelle, sont blancs comme ma tante.

À ma grande surprise, toute la famille m'a fait la bise sur la joue. C'était mon premier choc culturel. J'ai rougi de honte en recevant ces bises. Après, je me suis rendu compte qu'en Guyane, comme dans les autres pays francophones, les femmes et les hommes se disent bonjour en se faisant la bise. Quant aux hommes, la plupart du temps ils se donnent la main, mais il arrive aussi qu'ils se fassent la bise.

En sortant de l'aéroport, j'ai eu mon second choc culturel : j'ai été très surpris par la diversité de la population et la diversité des langages. Il me semblait qu'il y avait des gens de tous les coins du monde. Plus tard, j'ai appris que la moitié de la population de la Guyane est étrangère. Elle est composée d'Amérindiens, les premiers habitants de la Guyane ; de Créoles, qui sont principalement métisses ; de Marrons, descendants des Noirs qui se sont réfugiés dans la forêt pendant l'esclavage ; de Métropolitains ; de Chinois ; de Hmong ; de Surinamiens ; de Brésiliens ; d'Américains ; de Canadiens ; d'Italiens et bien d'autres nationalités.

Quand nous sommes arrivés chez mon oncle

et ma tante, c'était comme si j'étais de retour aux États-Unis. François et Isabelle avaient tous les deux leur propre ordinateur, il y avait un satellite pour la télévision, et la maison était très confortable. Tous les membres de la famille parlaient anglais couramment, alors je n'ai pas pu pratiquer mon français avec eux. Ma tante tenait absolument à ce que ses enfants soient bilingues et les avait donc élevés en leur parlant anglais tout le temps. La maison était énorme, bien plus grande que celle de certains de mes amis en Californie. Ils avaient préparé une chambre pour moi et j'avais aussi ma propre salle de bains.

Ils avaient deux animaux domestiques : un chat qui s'appelait Minou et un chien qui s'appelait Médor. Aucun membre de la famille ne faisait la cuisine, le ménage ou ni donnait à manger aux animaux. Ils avaient des employés qui s'occupaient de toutes les tâches domestiques et du jardinage. Mon oncle était très riche et ils vivaient dans un grand luxe.

Ma mère m'avait dit que mon oncle André travaillait pour la base spatiale de Kourou. Il était directeur du Centre Spatial Guyanais (CSG), le centre le plus moderne du monde pour le transport spatial commercial. C'est de là que sont lancées les fusées « Ariane », qui mettent en orbite des satellites de communication pour de nombreux pays du monde. C'était intéressant d'être là dans cette maison de riches et je me demandais comment allait être mon séjour avec cette famille. Certainement, bien plus différent de ce que j'avais imaginé. Quelle sorte de photos allais-je bien pouvoir prendre ?

Chapitre trois

Mes cousins étaient mes meilleurs amis. François avait beaucoup d'humour. Il était difficile de ne pas rire quand nous étions ensemble. Isabelle était la fille la plus gentille du monde. Je sentais qu'ils étaient les frère et sœur que je n'avais jamais eus. François avait dix-neuf ans, il était mon aîné de deux ans. Isabelle avait seize ans, elle était plus jeune que moi d'un an. Bien qu'ils se disputaient parfois, ils allaient ensemble aux fêtes et fréquentaient les mêmes amis.

Mes cousins étaient très sympathiques et j'étais très touché par leur gentillesse. Ils me traitaient comme un invité d'honneur et me demandaient sans cesse si j'allais bien. Ils m'amenaient à toutes leurs fêtes et me présentaient à tous leurs amis. Je n'avais jamais été avec des gens aussi gentils et drôles.

À chaque fin de semaine, un ou une des amis de mes cousins organisait une fête. Je pensais que mes amis étaient très connus. Plus tard, je me suis rendu compte qu'en réalité tout le monde se connaissait. Et si un de leurs amis était invité à une fête, celui-ci pouvait amener d'autres amis qui n'étaient pas invités sans que cela ne pose de problèmes.

En Guyane, une fête n'est pas une fête s'il n'y a pas de musique. On danse de tout : la salsa, la biguine, le mérengué, la samba, le rock, la techno, le rap.... Nous allions aussi dans des discothèques, mais les fêtes chez les particuliers étaient bien plus amusantes. En plus, Isabelle n'avait pas la permission d'aller dans les discothèques, mais François oui. (En Guyane, on est majeur à dix-huit ans.)

Une autre différence culturelle était le fait que bien qu'il y ait des fêtes où la musique jouait à fond, les voisins ne se plaignaient jamais. Personne n'appelait la police. Mes cousins m'ont expliqué que si quelqu'un faisait des fêtes très souvent, alors les voisins se plaindraient, mais une fête bruyante une à deux fois par an n'était pas un problème.

Je n'ai jamais eu autant de succès avec les filles. La plupart des amies d'Isabelle étaient très jolies et comme j'étais l'invité spécial, elles étaient toutes attirées par moi. J'ai pris beaucoup de photos en pensant que de retour aux États-Unis, mes amis allaient pouvoir admirer toutes les belles filles qui me tournaient autour. En plus, cette coutume de faire la bise commençait à beaucoup me plaire.

Mes cousins allaient dans une école privée qui était l'une des plus chères. Leurs amis allaient aussi à cette école.

Une autre chose qui m'a beaucoup amusé était que dans ce pays, comme dans beaucoup d'autres pays francophones, ils avaient la coutume de mettre le nom de Marie devant le prénom des filles et celui de Jean devant le prénom des garçons. Ainsi, je connaissais des : Marie-Michèle, Marie-Paule, Marie-Catherine, Marie-Christine, Marie-Jeanne ainsi que des Jean-Claude, Jean-Pierre, Jean-Paul. Parmi toutes ces « Marie », il y en avait une qui me faisait tourner la tête. C'était une des amies de ma cousine. Elle s'appelait Marie-Catherine et elle me plaisait beaucoup.

Comme j'avais beaucoup de succès, Marie-Catherine et moi sommes devenus de très bons amis. Trois semaines de folie ont suivi. Jamais je ne m'étais autant amusé en Californie et jamais je n'avais rencontré autant de

ℰ   ℭ   ℰ   ℭ

gens si sympathiques.

   Lors d'un coup de téléphone à ma mère, tout plein d'émotions, je lui ai raconté comment je me sentais bien en Guyane et tout ce qui s'était passé depuis mon arrivée. Elle était très contente et m'a demandé deux choses : Est-ce que tu as pris des photos intéressantes ? Est-ce que ton français s'améliore ?

Chapitre quatre

La photographie était quelque chose qui m'intéressait beaucoup et bien sûr, j'avais pris beaucoup de photos, mais en réalité aucune ne me paraissait spéciale. C'étaient des photos que j'avais prises en Guyane, mais elles étaient semblables à celles que j'aurais pu prendre en Californie. Et, certainement, j'avais très peu parlé français depuis mon arrivée. Tous les amis de mes cousins profitaient de l'occasion et conversaient avec moi en anglais. J'ai décidé d'en parler avec mon oncle, ma tante et mes cousins.

Mon oncle m'a conseillé tout de suite de visiter la capitale de la Guyane : la ville de Cayenne. Le jour même, mes cousins et moi sommes allés au centre ville de Cayenne. J'ai senti que j'étais transporté dans une autre époque parce que dans le centre, on pouvait voir l'architecture du temps de la colonisation, l'architecture du XVIIième siècle. J'ai pris beaucoup de photos. Je n'étais jamais encore allé dans un endroit pareil. Les maisons étaient très anciennes. C'étaient de grandes maisons sur deux étages, tout en bois et décorées de grands balcons. Elles me faisaient penser à celles de la Nouvelle-Orléans en Louisiane. Ils m'ont emmené au marché où j'étais fasciné par les couleurs et toutes les odeurs. Je voulais prendre des photos de tous les étalages. Pendant que nous nous promenions dans les rues, mes cousins me racontaient les histoires et légendes de la ville. Finalement, nous sommes allés au musée de Cayenne. Je m'attendais à voir un beau bâtiment, tout neuf et moderne. À ma grande surprise, nous sommes arrivés dans une maison de style créole où j'ai pu admirer une grande collection de papillons de toutes les couleurs, dont certains avaient déjà disparu. J'étais ravi et j'ai réalisé qu'il me fallait visiter le reste du pays. Le centre ville était si différent de la région de Kourou. Quelles autres surprises pouvaient bien me réserver la Guyane ?

C'était décidé. Le week-end suivant, nous irions visiter le reste du pays pour que je puisse prendre des photos. En plus, la famille s'est rendu compte qu'il serait mieux de parler français avec moi. Évidemment, c'était très difficile de parler en français avec mes cousins. Nous avons commencé à le faire, mais leur anglais était bien meilleur que mon français et chaque fois, la conversation se terminait en anglais. La même chose se passait avec ma petite amie Marie-Catherine.

Je suis arrivé à la conclusion qu'il serait mieux que je parle avec quelqu'un qui ne savait pas parler anglais et j'ai réalisé qu'il y avait deux personnes avec qui je pouvais parler français: les deux employées qui s'occupaient du ménage et de la cuisine de la maison. Cependant, bien qu'elles me montraient beaucoup de respect, elles n'étaient pas très ouvertes avec moi. C'était comme s'il y avait un voile invisible entre nous. J'ai décidé de rompre ce voile et de les aider dans la cuisine.

Rose et Marie-Jeanne, c'étaient les prénoms des employées, étaient très étonnées quand je leur ai dit que je voulais les aider. Elles ne voulaient pas accepter mon aide, mais j'ai tant insisté qu'elles ont finalement accepté. En réalité, elles étaient très gênées par la situation. Pendant que je les aidais, nous parlions et j'ai appris beaucoup de choses sur la vie de ces femmes. Rose avait quarante ans et vivait avec son mari et ses trois enfants. Marie-Jeanne avait vingt-deux ans, elle était mère-célibataire, travaillait le matin chez mon oncle et ma tante, et le soir, elle prenait des cours.

C'était terrible, mais pendant les trois semaines qui ont suivi mon arrivée en Guyane, j'avais complètement ignoré ces femmes et maintenant, en ce moment précis, j'avais un contact avec elles. Leur comportement était très différent de celui des autres Guyanais que j'avais rencontrés. C'était comme si elles avaient honte que je sois là avec elles.

Juste à ce moment-là, pendant que je parlais français avec les employées, Isabelle et Marie-Catherine sont arrivées à la maison. Elles m'ont regardé de façon étrange, mais j'ai pensé que c'était mon imagination. J'ai remercié Rose et Marie-Jeanne de m'avoir permis de discuter avec elles et je suis allé rejoindre ma cousine et ma petite amie.

Comme d'habitude, avec les amis de mes cousins, nous avons allumé la radio et nous nous sommes assis dans le salon pour discuter. Ensuite, quand ma petite amie est partie, Isabelle m'a dit quelque chose qui m'a beaucoup embêté.

Elle m'a dit que je ne devais pas fréquenter les domestiques. Ce commentaire a été comme un choc pour moi. Je me suis senti très mal, comme si tout d'un coup, j'avais fait quelque chose de très mal. La seule chose qui me soit venue à l'esprit était de répondre que j'avais besoin de travailler mon français. Isabelle a fait un autre commentaire qui m'a encore plus surpris. Elle m'a dit que ma petite amie avait trouvé ridicule que je fréquente les employées. Cela m'a fait réfléchir et je me suis dit :

« Attends un peu…. Quel mal y a-t-il à parler avec les employées ? »

Et j'ai posé la question à Isabelle qui m'a répondu :

« Mais ce sont des domestiques. »

Cette conversation avec ma cousine m'a fait descendre d'une espèce de rêve dans lequel je vivais et je me suis rendu compte que la Guyane que je connaissais à travers la famille de ma tante Caroline était la Guyane d'une petite minorité. Nous vivions dans un quartier riche, où les maisons étaient grandes et neuves, mais dans la ville, la majorité des maisons étaient petites et vieilles et il y avait beaucoup de pauvreté. Mes cousins étaient blancs aussi, contrairement à la majorité des gens qui avaient la peau noire.

Je connaissais seulement les gens de la classe aisée parce que le critère, pour être accepté dans le cercle des amis de mes cosins, était d'être riche. Nous achetions toute la nourriture dans des supermarchés où tout était importé et coûtait très cher, alors qu'il y avait des vendeurs dans la rue, sous le soleil et la pluie, qui vendaient les mêmes produits à meilleur prix.

Tout ce que mes cousins me montraient et ce dont ils étaient fiers était le développement apporté par la base de Kourou et le tourisme : les grandes villas avec leur piscine, les discothèques, les grands centres commerciaux avec leurs magasins de mode et les grands hôtels cinq étoiles. À cause de cela, mes photos n'avaient rien d'intéressant.

Chapitre cinq

Comme nous étions restés à Kourou toute la semaine, pendant le week-end nous sommes allés dans un village d'Amérindiens appelé Awala-Yalimapo qui se trouve sur la côte, au nord de Kourou. Georges, le chauffeur, conduisait et ma tante Caroline était assise à ses côtés ; sur le siège arrière, il y avait ma cousine et moi. François était resté à Kourou ; il avait une fête qu'il ne pouvait pas manquer et mon oncle était resté aussi. Il avait du travail comme d'habitude.

En chemin, j'étais un peu nerveux parce que la route était dangereuse et pleine de virages. Mais Georges conduisait très bien. En parcourant ces routes, j'ai vu comment la Guyane était belle et je me suis senti petit devant l'immensité de la verdure et des forêts. Cette fois, j'ai sorti mon appareil photo et j'ai pris des photos de tout ce qui me plaisait. Les gens de la campagne étaient des Noirs qui travaillaient la terre le long des côtes. Les rizières et les divers champs de légumes s'étendaient

jusqu'à l'horizon et ressemblaient à des parcelles carrées de différentes couleurs. On
aurait dit qu'on avait étendu une couverture
faite de différents morceaux de toile.

Ça me fascinait de prendre des photos de
paysages, mais ce qui me plaisait le plus était
de prendre des photos de gens. Quand je
voyais les femmes vêtues dans leur habit
local, portant des paniers de marchandises
sur la tête, ou vendant quelques légumes le
long de la route, je prenais quelques photos.
Au bout d'un moment, ma cousine a dit :

« Il faudrait que tu prennes des photos de
mes amis parce que si tu ne montres que les
photos des marchandes, on pourrait penser
que nous sommes tous noirs. »

Ce commentaire m'a beaucoup choqué et je
lui ai dit :

« Qu'est-ce qu'il y a de mal à être noir ? »

Isabelle ne m'avait jamais encore vu énervé
et elle est restée bouche bée.

En chemin, mon attention était particulièrement attirée par les vieilles petites cases. Il y
en avait beaucoup. Les couleurs, la toiture, les
formes ; c'était triste de voir l'état dans lequel
elles étaient, mais le fait qu'elles tiennent en-

core debout leur donnait une certaine beauté. J'ai commencé à prendre des photos de ces vieilles maisons. À ce moment-là, Isabelle a fait une autre réflexion :

« Si tu montres ces photos en Californie, les gens vont penser que la Guyane est entièrement comme ça. Tu ferais mieux de prendre des photos d'autre chose.

— Isabelle, tu ne comprends rien à la photographie », lui ai-je dit.

Les réflexions de ma cousine commençaient à m'agacer et je devenais de plus en plus distant et froid avec elle.

Au bout de trois heures de route, nous nous sommes arrêtés au village de Javouhey dont la population est en majorité des Hmong installés en Guyane depuis la guerre d'Indochine en 1976. C'est un petit village plein de charme. Toutes les petites maisons sont entourées de fleurs de toutes les couleurs et les habitants portent encore leur costume traditionnel fait en tissu d'une multitude de couleurs vives. J'étais très étonné de trouver un morceau de l'Asie au milieu de la Guyane et là aussi j'ai pris de nombreuses photos.

Finalement, nous sommes arrivés à Awala-

Yalimapo et nous sommes d'abord allés sur la fameuse plage des Hattes. C'est un endroit protégé et très connu où, chaque année, se reproduisent plus de cinq mille tortues marines. C'est là que les énormes tortues Luth, qui peuvent atteindre 1m80 de longueur et peser jusqu'à 700 kilos, viennent pondre leurs œufs. De nombreuses personnes venant de tous les pays du monde passent toute la nuit sur la plage pour assister à ce spectacle extraordinaire. C'est une plage de sable blanc vraiment magnifique qui s'étend sur des kilomètres. Ce jour-là, comme il n'avait pas plu, la mer était d'un bleu turquoise que je n'avais jamais encore vu.

Puis, nous sommes retournés au village et j'ai décidé de parcourir les rues en quête de nouvelles photos. Ni ma tante, ni ma cousine ne voulait visiter le village. Alors, je me suis dit : « ça ne fait rien ». Comme elles étaient fatiguées, elles sont restées dans un restaurant en attendant que je revienne. Il y avait beaucoup de choses à voir et des choses intéressantes à acheter. Les photos que j'ai prises là me paraissaient intéressantes et différentes.

L'endroit n'était pas très grand et c'était impossible de se perdre. J'étais fasciné par ce village, plein de couleurs, d'odeurs, et de toute sorte d'artisanat. J'ai décidé de prendre des photos de gens et quand j'allais commencer, j'ai aperçu une fille avec un très beau visage qui marchait dans la rue. Elle n'était pas vêtue comme les indiens de la région et portait des vêtements tout simples. C'était une métisse de mon âge, alors je me suis approché d'elle et je lui ai demandé la permission de prendre sa photo.

Elle m'a regardé avec ses grands yeux noirs, puis elle a souri avec timidité et m'a répondu non. À ce moment-là, j'ai réalisé que la photo que je cherchais était celle de son visage ; la photo de cette fille avec une expression si particulière et avec ses grands yeux tristes qui en même temps étaient pleins de vie et d'émotion.

Je n'ai pas accepté un refus comme réponse. En plus, tout en disant non, elle continuait à sourire et restait sur place. J'ai pensé qu'au fond d'elle-même, elle voulait bien que je la prenne en photo. Mais je me suis aussi rendu compte de quelque chose : je voulais parler avec elle pour mieux la connaître et devenir son ami. Alors, je lui ai demandé si nous pouvions manger quelque chose ensemble. Très timide, elle m'a répondu qu'elle n'avait pas d'argent, alors je lui ai dit que je l'invitais.

« Je ne peux pas m'attarder. Je dois rentrer chez moi », m'a-t-elle dit. Ensuite j'ai aperçu un endroit où ils vendaient des sandwichs et je lui ai dit que nous pourrions manger quelque chose rapidement.

Elle a accepté et nous avons commandé deux sandwichs au poulet et des boissons gazeuses. Finalement, je connaissais son nom ; elle s'appelait Carmen et elle avait quatorze ans. La journée, elle travaillait dans une plantation de fleurs et le soir, elle suivait des cours. Elle était là parce que sa mère lui avait demandé de faire quelques courses et pour téléphoner ; elle n'avait pas de téléphone chez elle et à Awala-Yalimapo, elle pouvait utiliser la cabine publique qui se trouvait sur la place du village. Quand elle m'a raconté cela, j'ai pensé que moi, j'avais toujours mon portable.

Puis, je lui ai parlé de moi et je lui ai dit que ça m'avait beaucoup plu de discuter avec elle, mais elle a dit qu'elle s'était déjà bien attardée et qu'elle devait partir. Elle avait seulement mangé la moitié de son sandwich et a enveloppé l'autre moitié dans une serviette en papier.

« Attends, tu n'as pas encore fini de manger », lui ai-je dit.

Elle m'a répondu tout naturellement que l'autre moitié du sandwich était pour sa mère. Je suis resté bouche bée. Je ne pouvais rien dire, j'étais très touché par sa pauvreté, son sac troué, ses chaussures usées et son beau visage rond et noir.

Elle s'est levée pour partir et à ce moment-là, une autre fille du même âge est entrée dans le restaurant, a trébuché et est tombée sur moi. Elle ne s'est pas excusée, mais elle a souri et a dit :

« Salut, Carmen ! »

Puis elle est sortie. Carmen avait une expression de surprise et sans me dire au revoir, elle est partie en courant.

Je suis sorti en courant, pour chercher Carmen, mais je n'ai pu la trouver nulle part. J'ai marché en demandant aux gens s'ils la connaissaient ou s'ils l'avaient vue, mais personne ne la connaissait.

Chapitre six

Quand finalement je suis retourné au restaurant où étaient Georges, ma tante et ma cousine, j'ai vu qu'ils faisaient tous la tête. Ma tante m'a regardé avec un air de réprimande et m'a demandé :

« Ça se fait aux Etats-Unis de faire attendre les gens pendant deux heures et demie ?

— Oh non ! Deux heures et demie ! Je ne m'en étais pas rendu compte. » Je leur ai demandé mille fois pardon et j'ai promis que cela n'arriverait plus.

« Très bien, a dit Isabelle, retournons à Kourou. »

Moi, je voulais rester plus longtemps pour voir si je rencontrais Carmen ou quelqu'un qui la connaissait. Alors, je leur ai dit que si ça ne les dérangeait pas, je préférerais rester plus longtemps et que je prendrais un bus pour rentrer à Kourou le lendemain. Ma tante a refusé. Elle m'a dit que ça pouvait être dangereux, que j'etais son invité et qu'elle était responsable de moi.

« Mais, je voudrais bien rester ! ai-je insisté. Ça ne me paraît pas du tout dangereux ici. »

Ma tante a soupiré et m'a dit non une autre fois. Elle m'a dit que si je restais, quelqu'un devrait rester avec moi. J'ai décidé de rester sans sa permission, mais juste au moment où je voulais sortir mon portefeuille pour voir combien d'argent j'avais sur moi, je me suis rendu compte qu'il avait disparu.

Comme je n'avais plus aucun argument pour convaincre ma tante, ce soir-là, je suis rentré à Kourou tout en me sentant très stupide. Non seulement j'avais perdu mon portefeuille qui contenait quelques Euros, mais j'avais aussi perdu ma carte de crédit et j'ai réalisé que ma tante avait raison, cela pouvait être dangereux.

Georges, Isabelle et ma tante étaient certains que quelqu'un avait volé mon portefeuille sans que je m'en rende compte. Georges m'a dit qu'il y avait des pickpockets qui étaient vraiment agiles et que les étrangers comme moi étaient des proies très faciles. Ma tante a dit que c'était une chance qu'ils n'aient pas pris mon passeport.

ℰ ℭ ℰ ℭ

Sur le chemin du retour, j'ai très peu parlé et je pensais à Carmen. J'avais honte d'avoir une vie aussi facile. Je n'avais jamais encore rencontré une fille de mon âge qui travaillait déjà à plein temps et étudiait en même temps et je n'avais jamais encore rencontré une fille avec un tel regard. Une photo de Carmen serait parfaite pour gagner le concours. Mais, plus que son visage, ses yeux. Les yeux de Carmen !

Bien que je me sois toujours bien amusé avec mes cousins et leurs riches amis, cette excursion à Awala-Yalimapo m'a permis de comprendre que ce pays appelé la Guyane avait bien plus à offrir et que j'étais passé à côté des choses les plus importantes. Je voulais donc voir plus de choses et rencontrer plus de gens.

Chapitre sept

J'ai mis fin à toutes les fêtes avec les amis de mes cousins parce que j'avais décidé de découvrir la vraie Guyane. Ma tante Caroline comprenait que j'avais besoin de prendre des photos et d'explorer le pays, mais elle se sentait responsable de moi. Alors, elle m'a aidé. Elle ne m'a pas permis de partir tout seul, mais elle a trouvé des tours organisés où je voyageais avec un groupe de gens; sachant que j'allais découvrir le pays par des tours organisés, elle se sentait plus rassurée.

Mon cousin François m'accompagnait parfois dans mes périples à la découverte du pays. Il y avait tant à faire en Guyane. Il y avait une grande diversité de paysages, ce qui permettait de faire des excursions très différentes. C'est comme ça que j'ai pu visiter l'archipel des Îles du Salut bien connu à cause de son bagne et où sont morts de nombreux prisonniers. D'autres excursions nous emmenaient dans la forêt, le long des fleuves, à la découverte de magnifiques cascades, de chutes d'eau, de lacs et de la canopée.

François ne m'accompagnait que si les tours comprenaient des activités comme des marches en forêt, de la plongée, du kayak ou toute espèce d'activité sportive.

Pour moi, en tant que photographe, ce qui m'intéressait c'étaient les paysages, les parcs nationaux, mais surtout les gens. Et malgré tout le tourisme que j'ai fait en Guyane, je n'arrivais pas à oublier les yeux de Carmen. Je suis retourné à Awala-Yalimapo pour la chercher, mais je ne l'ai jamais rencontrée. Je savais qu'elle travaillait à récolter les fleurs, mais je ne savais pas où. Et il y avait beaucoup de plantations de fleurs dans la région. C'était très difficile de trouver Carmen.

J'ai fait beaucoup de tourisme et j'ai pris pas mal de photos. Et comme j'étais tout le temps en train de découvrir la Guyane, je passais très peu de temps chez ma famille. Évidemment, je me suis séparé des amis de mes cousins. Je ne sortais presque plus jamais avec eux. Ma cousine Isabelle me considérait comme un extraterrestre parce que je préférais visiter le pays plutôt que d'être avec eux. Et ma petite amie était très fâchée.

Marie-Catherine ne répondait plus à mes coups de téléphone. Ce que je ne comprendrai jamais. Mais en réalité, ça ne me faisait rien. Ma cousine avait décidé de me faire la tête. Elle ne me parlait plus. Cela me rendait fou parce que nous vivions tous les deux sous le même toit.

Un jour, je n'en pouvais plus et j'ai demandé à Isabelle :

« Qu'est-ce qui t'arrive ? »

Ce à quoi elle m'a répondu :

« Moi, je n'ai rien. C'est toi qui nous a laissé tomber. »

Puis, elle m'a claqué la porte de sa chambre au nez.

J'étais très fâché. Il me semblait que ma cousine exagérait un peu et je trouvais qu'elle était un peu dramatique. Mais en réalité, ma cousine était la personne la plus proche d'une petite sœur pour moi et son attitude a gâché ma journée.

Je ressentais la nécessité de connaître le pays le mieux possible, mais je ressentais aussi l'importance de bien m'entendre avec ma cousine. Et ça m'embêtait qu'elle ne puisse pas comprendre cela. Heureusement, François n'était pas si dramatique. Il continuait à être très sympa ; au moins j'avais gardé l'amitié d'un de mes cousins.

Pendant toute la journée, je me suis senti mal, mais le soir, les choses se sont améliorées. Mon oncle nous a donné une bonne nouvelle. Il nous a proposé à François et moi de l'accompagner dans un de ses déplacements pour son travail. Il devait se rendre chez les Indiens sur le fleuve Maroni et il nous invitait à venir avec lui. Nous allions tous passer cinq jours sur ce grand fleuve. C'était incroyable, c'était une des invitations les plus extraordinaires de ma vie. La famille avait déjà visité cette région et ma tante m'a dit que ça valait vraiment la peine d'y aller.

Chapitre huit

Il y a tant de choses à dire sur le fleuve Maroni que si je commence, je ne finirai jamais. Tout ce que j'ai vu et ressenti peut en lui-même constituer un tout autre livre. C'est l'endroit le plus magique que je n'aie jamais vu de ma vie et le seul fait d'être là me rendait heureux.

Bien sûr, j'ai pris toutes les photos que je pouvais. Comme ça, quand je serai en Californie, je pourrai à nouveau regarder ces images et toujours me souvenir de l'immensité de la forêt ; de ce fleuve qui s'étend parfois sur plus d'un kilomètre de large; de la diversité des populations ; du bruit incessant de la forêt ; des oiseaux aux couleurs très vives... Je n'oublierai jamais cet endroit.

Le tour était génial. Nous sommes partis du village de Maripasoula, le dernier grand village au sud du Maroni, et pendant cinq jours, nous avons descendu le fleuve jusqu'à son embouchure : la ville de Saint-Laurent. Pour nous rendre à Maripasoula, nous avons pris un petit avion et pendant tout le voyage qui a duré une heure, j'ai pu admirer l'immensité de la forêt guyanaise. Je n'en revenais pas, il n'y avait que de la forêt qui s'étendait à l'infini. De temps en temps, on apercevait une petite trouée au milieu de ce grand vert. Mon oncle m'a expliqué que c'étaient des orpailleurs qui travaillaient dans des conditions souvent très difficiles et presque inhumaines, à la recherche de ce précieux métal qu'est l'or. Il m'a aussi parlé de tous les problèmes que cela cause à la Guyane, tels que la destruction de la forêt, l'empoisonnement des rivières par le mercure et la violence.

À notre arrivée à Maripasoula, nous nous sommes rendus tout de suite au bord du fleuve où nous attendait notre guide pour la traversée. C'était un homme très grand et très, très noir. Il était si noir que sa peau paraissait avoir des reflets bleus. Il appartenait à la tribu des « Boni » qu'on surnommait aussi les « Bushinengués » à cause de leur mode de vie en forêt. Il nous a accueillis en nous faisant un grand sourire. Quand il souriait, on ne voyait que ses grandes dents blanches. Puis, il nous a emmenés à sa pirogue, une longue embarcation faite d'un seul tronc d'arbre qu'il avait peint de couleurs très vives, avec un moteur à l'arrière. C'était toute une histoire de monter sur la pirogue sans tomber et sans la faire prendre l'eau. Mais, au bout d'un moment, nous étions tous installés très confortablement. Nous avons d'abord remonté le fleuve jusqu'au premier village indien situé à quarante-cinq minutes, dans un endroit appelé Saut Sonnelle. La remontée du fleuve n'était pas sans aventure car parfois il nous fallait descendre et pousser la pirogue à cause des bancs de sable laissés par les orpailleurs. J'étais fasciné par tous les bruits qui provenaient de la forêt : les cris des singes, le bruit des oiseaux, des insectes, des grenouilles... Finalement, nous sommes arrivés au village des Indiens Wayanas. J'étais très surpris parce que le village n'avait aucune maison. Il était entièrement composé d'un style d'habitations que l'on appelle « le carbet ». C'est un espace rectangulaire couvert d'un toit de feuilles de palmes où l'air circule librement. Il n'y a ni mur, ni séparation, ni meuble, et toute la vie de la famille se passe sous ce toit. L'on dort dans des hamacs accrochés à des troncs d'arbre qui forment la charpente. Au milieu du village se trouve un carbet rond réservé aux visiteurs. C'est là que nous avons passé notre première nuit, dans un hamac, au milieu de la forêt.

En nous voyant, un groupe d'enfants accompagnés d'un petit singe s'est approché. Ils nous observaient et riaient de tout cœur. J'étais très étonné et un peu choqué de voir que les hommes et les femmes du village vivaient presque entièrement nus. Ils ne portaient qu'un petit carré de coton rouge retenu par une ceinture faite de fibres végétales. Certains hommes portaient des colliers en plumes de toutes les couleurs et étaient recouverts de symboles peints en rouge sur tout le visage et le corps. Tout cela me paraissait très étrange, mais la gentillesse de ces gens m'a vite fait oublier tous mes préjugés. En plus, quel paradis pour mes photos ! Tout ce que je voyais était si différent et si intéressant que je n'arrêtais pas de prendre des photos.

Le soir, après une promenade dans la forêt et un repas de poissons grillés, nous nous sommes installés dans nos hamacs sous notre moustiquaire. Malgré la fatigue, j'ai eu beaucoup de mal à m'endormir. D'abord, parce que je n'avais pas l'habitude de dormir dans un hamac, mais aussi parce que la forêt est si bruyante la nuit. Cette nuit-là, j'ai rêvé de singes, de jaguars et d'anacondas : ces énormes serpents qui vivent dans la forêt amazonienne.

Le lendemain, nous avons fait demi-tour et avons commencé notre descente du fleuve Maroni. Plus nous avancions et plus nous nous rapprochions de la civilisation. Maintenant, les villages étaient faits de petites maisons en bois et il y avait aussi quelques bâtiments administratifs, tels que des écoles, des bureaux de poste et des centres médicaux. La circulation sur le fleuve devenait plus importante aussi. Nous apercevions des embarcations chargées de toutes sortes de marchandises : des armoires, des lits, des bureaux et même des voitures...

Le tour n'a duré que cinq jours. Mais c'est sans doute ces cinq jours que j'ai appréciés le plus. Le dernier jour, nous sommes descendus à la ville de Saint Laurent. En me promenant dans la ville, j'ai rencontré une fille dont le visage me semblait très familier. Quand je vois un visage, je ne l'oublie jamais. Je savais que je l'avais déjà vue avant, mais je ne savais pas où. Puis, tout d'un coup, je l'ai reconnue. C'était l'amie de Carmen, la fille qui avait trébuché sur moi dans le restaurant. J'étais très ému parce que peut-être elle pourrait me dire où je pouvais rencontrer Carmen.

J'allais courir pour lui demander où était Carmen, mais j'ai vu quelque chose qui m'a beaucoup surpris. Cette fille a trébuché et est tombée sur un touriste et, profitant de la confusion de l'homme, a pris son portefeuille de sa poche et l'a gardé. C'était donc elle qui avait volé mon portefeuille au village d'Awala-Yalimapo. J'ai ressenti diverses émotions en même temps : la colère, la surprise, la curiosité et j'avais envie de crier : « Voleuse, voleuse ! » Mais pour des raisons que j'ignore, je ne l'ai pas fait.

J'ai couru vers elle et je l'ai affrontée. Je lui ai dit :

« Je ne vais rien dire, mais je t'ai vue voler le portefeuille de cet homme. »

La fille avait un regard terrorisé et cherchait où courir pour s'échapper. Je lui ai répété :

« Je ne vais rien dire, mais tu dois faire deux choses. »

Sans aucune possibilité de s'échapper, horrifiée et en silence, elle m'a écouté.

« D'abord je veux que tu remettes ce portefeuille à son propriétaire et puis je veux que tu me dises où je peux rencontrer Carmen. »

Alors la fille a remis le portefeuille à son propriétaire en lui disant qu'elle l'avait vu tomber par terre. Puis, sur un bout de papier, elle a écrit l'adresse exacte de l'école où allait Carmen.

Chapitre neuf

Quand nous sommes rentrés de notre excursion sur le fleuve, il ne me restait plus qu'une semaine en Guyane. La première chose que j'ai faite était d'aller à Mana. Ma tante, toujours inquiète pour moi, a demandé à Georges le chauffeur, de m'y conduire. C'est ainsi que j'ai essayé pour une dernière fois de revoir les yeux pleins d'émotion de Carmen.

J'ai attendu à la sortie de son école et j'ai vu beaucoup de visages qui ressemblaient au sien, mais mon cœur battait en pensant que la fille que j'avais rencontrée, m'avait peut-être menti. Mais, elle ne m'avait pas menti parce que Carmen était bien là en train de rire avec une amie tout en marchant vers la porte de sortie.

Je me suis approché d'elle et quand elle m'a vu, elle était très surprise et m'a dit d'un air inquiet :

« Je te jure que je n'ai rien à voir avec le vol de ton portefeuille. »

J'ai souri et je lui ai dit :

« Je sais bien que non.

— Alors, qu'est-ce que tu fais là ? » m'a-t-elle demandé, et à ce moment-là, je l'ai invitée à manger quelque chose.

« Je dois vite rentrer chez moi. Je ne peux rester qu'un moment », m'a-t-elle dit.

Comme elle ne pouvait pas rester long-temps, nous sommes allés à un endroit où ils vendaient des sandwichs, mais cette fois j'ai acheté trois sandwichs. Un pour moi, un pour Carmen et un autre pour sa mère. Je lui ai raconté comment j'avais réussi à la trouver et comment j'avais vu son amie voler le porte-feuille d'un touriste.

Carmen m'a avoué que lorsque son amie avait volé mon portefeuille, elle était très em-barrassée parce qu'elle ne voulait pas dénon-cer son amie, mais elle ne voulait pas non plus qu'elle me vole. Elle ne savait pas quoi faire. Alors, elle est partie en courant de l'endroit. Plus tard, elle a réalisé que c'était stupide parce que j'allais penser qu'elle était complice du pickpocket. Et elle s'est rendu compte aus-si qu'il aurait été mieux de convaincre son amie de me rendre mon portefeuille, mais il était déjà trop tard.

Carmen a vu que je parlais de son amie avec beaucoup de haine et de colère et elle m'a dit :

« Mon amie s'appelle Chantal et ce n'est pas une mauvaise fille. Sa sœur aînée est très malade, elle a le cancer et le traitement coûte très cher. Il lui est difficile de payer un bon médecin et les hôpitaux. Chantal est désespérée. »

J'ai ressenti de la peine pour Chantal et selon ce que Carmen me racontait, la vie de Chantal était très difficile. La vie de Carmen aussi était très difficile. Si différente de celle de mes cousins guyanais qui vivaient dans leur bulle de cristal. Mais j'ai pensé que ma vie aussi était différente et bien plus facile que celle de personnes comme Chantal et Carmen. J'ai pensé que d'une certaine manière, moi aussi, je vivais dans une bulle de cristal aux États-Unis.

Carmen était la sœur aînée de quatre garçons. Pour faire vivre la famille, la mère travaillait toute la journée dans un magasin de tissus. Cela faisait longtemps que le père de Carmen avait abandonné la famille et il ne les aidait pas du tout. C'est pour cela que Carmen devait travailler pour aider aux dépenses de la maison.

Elle m'a raconté que la plupart des gens qui travaillent sur la plantation de fleurs sont de jeunes femmes, adolescentes comme elle. Beaucoup d'entre elles ont déjà des enfants et presque personne n'a le temps de continuer ses études. La plupart font des heures supplémentaires. Heureusement la mère de Carmen lui permet d'aller à l'école le soir.

(Quand on travaille dans les plantations, on court le risque d'être malade, parce qu'ils utilisent beaucoup de produits chimiques. Mais c'est un travail où l'on peut gagner de l'argent et malgré les risques, Carmen travaille sur la plantation six jours par semaine et à certains moments comme pour le 14 février, on l'oblige à travailler sept jours par semaine et à manquer ses cours.)

Je pensais que ma vie était bien différente en Californie. Moi, j'avais plein de gadgets électroniques : un portable, un ordinateur, un appareil photo numérique. Quand je ne suis pas en train d'étudier au lycée, je me repose, je m'amuse avec mes amis ou je joue à des jeux vidéo.

Carmen n'est pas restée longtemps avec moi. Elle m'a dit que sa mère était très sévère et que si elle tardait trop à rentrer chez elle, elle allait avoir des problèmes. Je lui ai dit au revoir, mais avant je lui ai demandé de me laisser prendre quelques photos d'elle. Un peu honteuse, elle a accepté. J'ai réalisé qu'elle acceptait parce qu'elle se sentait obligée. Elle était très timide. Aussi, par respect, j'ai décidé de ne prendre qu'une photo pour me souvenir d'elle en Californie. Quand on s'est quitté, cela me faisait de la peine de ne l'avoir pas connue plus longtemps. Elle m'a donné son adresse pour rester en contact par lettres.

Georges et moi avons discuté pendant tout le trajet du retour à Kourou. Il m'a parlé de sa vie et de la vie des gens de son pays et il m'a donné son point de vue sur la politique. Ça me plaisait beaucoup de pouvoir discuter ainsi avec lui et de sentir que nous pouvions être amis.

Après mon retour à Kourou, je voyais les yeux de Carmen partout. Dans le visage du gardien de la propriété de mes oncle et tante. Dans les yeux de Rose et Marie-Jeanne, les employées qui travaillaient à la maison, dans le visage des enfants qui marchaient dans les rues.

C'était difficile de communiquer avec Carmen parce qu'elle n'avait pas de téléphone. Un portable encore moins ! Elle avait une vie complètement différente. Je pensais à elle tout le temps. Quand je voyais comment s'habillaient mes cousins et leurs amis, avec des vêtements et des chaussures de marque, je me souvenais de Carmen, de son humilité et de sa pauvreté.

Chapitre dix

Il ne me restait plus que quelques jours avant mon retour en Californie et ces deux mois que j'avais passés en Guyane avaient été fantastiques. Tout s'était bien passé. La seule chose qui m'embêtait était ma relation avec ma cousine Isabelle. Ça allait de mal en pis. Ma tante s'en est rendu compte et elle m'a parlé :

« Ce n'est pas bien que ta cousine et toi soyez fâchés. Je ne vous comprends pas. Mais je pense que vous devez en parler. Surtout maintenant, avant ton retour aux Etats-Unis, m'a dit ma tante.

— Mais, Tatie, ce n'est pas moi ; c'est elle qui est fâchée avec moi. C'est elle qui a changé son attitude envers moi, lui ai-je répondu.

— Il se peut que tu aies raison, Daniel, mais de toutes façons, ça serait dommage que vous perdiez votre amitié pour une raison si stupide. Je vais parler aussi avec Isabelle. »

J'ai réalisé que ma tante avait raison et ce soir-là, j'ai demandé à Isabelle de venir faire une promenade avec moi dans le jardin de la maison. Je ne savais pas comment commencer la conversation. La seule chose qui me soit venue à l'esprit était de lui demander :

« Pourquoi es-tu fâchée avec moi ? »

Isabelle a été très honnête avec moi et m'a dit :

« Parce que nous ne comptons pas pour toi. »

Sa réponse m'a attristé, alors je lui ai répondu qu'elle et sa famille avaient une grande importance pour moi et je lui ai demandé :

« Pourquoi tu dis ça ?

— Parce qu'un beau jour, tu n'as fait que décider que tu ne voulais plus passer de temps avec moi, mon frère ou ma famille. La seule chose que tu voulais faire était d'aller à Awala-Yalimapo pour voir cette fille. Tu as complètement oublié Marie-Catherine. Et du coup, tu n'aimais plus ni les fêtes, ni les amis que nous t'avions présentés, ni les endroits où nous allons.

— Isabelle, ta famille a été merveilleuse avec moi. Je vous en suis très reconnaissant et j'ai passé de très bons moments avec vous et vos amis.

— Est-ce que tu savais que ma famille avait envisagé d'aller en Europe, mais quand nous avons su que tu voulais venir, nous avons décidé de rester ici ?

— Oh non, je n'en avais aucune idée.

— Et toi, tout d'un coup, tu trouves que nous n'avons plus aucun intérêt.

— Non, Isabelle, ce n'est pas vrai, vous comptez beaucoup pour moi. Ce qui s'est passé c'est que je suis venu pour connaître la Guyane. Ta famille et tes amis sont une partie infime de la Guyane, que j'ai eu beaucoup de plaisir à connaître, mais je voulais tout simplement voir autre chose. Ça te paraît peut-être bizarre, mais j'avais besoin de connaître plus.

— Oui, ça me paraît bizarre, m'a dit Isabelle d'un ton fâché. Je voulais que tu voies ce qu'il y a de plus beau en Guyane.

— Essaie de me comprendre. Pour moi, la beauté d'un pays comme la Guyane est tout ce qui le rend unique. Tu sais bien que j'aime prendre des photos. Pour moi, les photos inté-ressantes sur la Guyane ne sont pas les choses modernes. Ce qui attire mon attention et qui à mon avis rend une photo intéressante sont toutes les choses différentes. Les centres commerciaux, les grands bâtiments luxueux et les gens riches, sont des choses que je peux voir aux États-Unis. Dans mon voyage et dans mes photos, j'ai essayé de capturer ce qui était insolite, inhabituel, différent, ce qui retenait mon attention. »

Ma conversation avec Isabelle a été très longue, mais finalement elle a compris mon point de vue et moi le sien. Nous nous sommes serrés dans les bras et nous sommes redevenus amis. Notre relation est restée ainsi pendant les quelques jours qui me restaient en Guyane.

Deux jours avant mon départ pour les États-Unis, mes cousins ont organisé une fête. Je dois reconnaître que de toute ma vie, je ne me suis jamais senti aussi populaire que ce jour-là. Je n'oublierai jamais ce jour-là. J'ai dit à tout le monde : « Ma maison est la vôtre, vous êtes les bienvenus » parce que je voulais vraiment pouvoir leur rendre la pareille. Je voulais avoir l'opportunité d'être aussi accueillant qu'ils l'avaient été avec moi. Afin de rester en contact, nous avons échangé nos adresses email.

Chapitre onze

Quand je suis retourné en Californie, je me sentais plus riche. Non pas parce que j'étais revenu avec de l'argent mais parce que mon expérience avait été si enrichissante que c'était comme si elle était faite d'or. Et ces expériences étaient quelque chose que personne ne pourra jamais m'enlever et qui n'allaient jamais me quitter.

J'ai remercié ma mère de m'avoir donné une idée si brillante et de m'avoir encouragé à faire le voyage pour connaître ce si beau pays. J'ai décidé que je retournerais sans nul doute en Guyane et que je voulais découvrir d'autres pays et parcourir le monde en prenant des photos.

Et pour finir cette histoire, je voudrais partager une bonne nouvelle : j'ai gagné le premier prix du concours de photographie. Maintenant mon père et ma mère me donnent leur appui. Rien ne peut changer ma décision de me consacrer à la photographie et de voyager.

Je n'ai pas gagné le concours avec la photo

que j'ai prise de Carmen, mais avec la dernière photo que j'avais prise en Guyane. C'était une chance inespérée. Juste avant d'entrer à l'aéroport, un enfant s'était approché de moi pour me demander la charité et j'ai vu dans son regard les yeux de Carmen, la même couleur de peau et la figure ronde. J'ai ressenti une grande tendresse pour lui. Pendant que l'enfant tendait sa main pour demander, je l'ai pris en photo et je lui ai donné un peu d'argent.

J'ai pensé que c'était une bonne photo, mais quand je l'ai vue sur mon ordinateur, elle m'a vraiment plu. Comme par magie, l'appareil photo avait capturé toute l'émotion dans les yeux de l'enfant. Des yeux d'adulte sur un visage d'enfant. Des yeux tristes, tout noirs et brillants.

Ma famille et mes amis en Guyane étaient très contents de cette nouvelle. Grâce au courrier électronique, je suis resté en contact avec eux. Ils m'envoient la musique qui est à la mode là-bas et me disent que je leur manque beaucoup. Je n'oublierai jamais les larmes de ma cousine Isabelle à l'aéroport. Une chose est certaine, c'est que je reverrai mes cousins.

Peut-être qu'eux aussi me rendront visite aux États-Unis.

Je reste en contact avec Carmen aussi. Nous correspondons par lettres. Elles prennent plus de temps pour arriver, mais cela me permet de travailler mon français. Nous nous écrivons de longues lettres dans lesquelles j'exprime plus de sentiments. Elle me parle de ses études et de son travail. Elle me raconte ses rêves et ses envies de voyage. J'espère que nous continuerons à nous écrire et qu'un jour nous nous retrouverons.

FIN

VOCABULAIRE

Unless a subject of a verb in the vocabulary list is expressly mentioned, the subject is third-person singular. For example, *acceptait* is given as only *accepted*. In complete form this would be *she, he* or *it accepted*.

Many words in the list are marked with *p.p.* (for past participle). In most cases the simple past tense is given as an English translation of these words. In the story a form of *avoir* or *être* is used before these words. For example, *elle a accepté* means *she accepted*, and *je suis arrivé* means *I arrived*. Many past participles are also used as adjectives, for instance, *j'étais ... choqué, I was ... shocked*.

The following table gives the endings for three tenses of most verbs. It may help you understand when things happen and who is doing them:

	IMPERFECT (past tense: frequent, habitual, or *was ____ -ing*) Short base +	FUTURE Infinitive or irregular long base +	CONDITIONAL (present or future: *would*) Infinitive or irregular long base +
je	ais	ai	ais
tu	ais	as	ais
il/elle	ait	a	ait
nous	ions	ons	ions
vous	iez	ez	iez
ils/elles	aient	ont	aient

Remember that *-ment* at the end of a French word often is equivalent to *-ly* at the end of an English word; for example, *absolument* means *absolutely*.

There are some tricky bits of French here and there

in *Les Yeux de Carmen*. For example, there are some "false friends," words that look or sound like English words but have a different meaning in French. Sometimes a word will have a special meaning in a particular phrase or context. There are also words that have more than one meaning. To avoid being fooled, you may want to look up the words below (and related forms in some cases) in the vocabulary list: *arrive, assister, attendre, chance, chargées, circulation, commandé, crier, cristal, esprit, figure, génial, grand, ignore, importante, habit, moment, neuf, numérique, oblige, occasion, parents, particuliers, personne, photographe, plu, portable, prix, quitter, route, séparation, simple, tissu, toiture, train.*

Abbreviations: adj. = adjective, p.p. = past participle

a has
  a-t-elle has she
  a-t-il has he
à to, about
  à mon avis in my opinion
  à quarante-cinq minutes 45
   minutes away
abandonné abandoned (p.p.)
absolument absolutely
acceptait accepted
accepté accepted (p.p.)
accepter to accept
accompagnait accompanied
accompagner to accompany
accompagné accompanied (p.p.)
accrochés hung (p.p.)
accueillant welcoming
accueilli welcomed (p.p.)
acheté bought (p.p.)
acheter (to) buy

achetions (we) were buying
admirer to admire
adolescentes female
 adolescents
adonnaient : s'adonnaient
 (they) devoted all their time
afin de in order to
affrontée confronted (p.p.)
agacer to annoy
ai, aie (I) have
aidais (I) helped
aidait helped
aide help (noun)
aidé helped (p.p.)
aider to help
**aies : il se peut que tu aies
 raison** you might be right
aient (they) had
aimais (I) liked
aime (I) like

aîné : mon aîné de older than me by
aînée oldest
ainsi therefore, so
air: avec un air de réprimande in a scolding manner
aisée : classe aisée upper class
ait : il y ait there were
allaient (they) were going
allais (I) went, was going
allais-je bien was I really going to
allait went
  allait être would be
allant going
allé went (p.p.)
aller to go
allions (we) were going
allons (we) go
allumé turned on (p.p.)
alors so, then
altéré altered (p.p.)
amazonienne Amazon
améloire : s'améliore is improving
améliorées improved (p.p.)
améliorer to improve
amenaient (they) took
amener (to) bring
ami friend
amie female friend
  petite amie girlfriend
amitié friendship
amusantes fun
amuse : m'amuse (I) have fun
amusé amused
  je ... m'étais ... amusé I had had fun
  je ... me sois ... amusé I had fun

an year
  par an a year, per year
anciennes old
animaux domestiques pets
année year
apercevait noticed
apercevions (we) noticed
aperçu noticed (p.p.)
appareil photo camera
  appareil photo numérique digital camera
appartenait belonged
appelait called
  s'appelait was named
appelé called (p.p.)
appelle call (verb)
  je m'appelle my name is
  l'on appelle they call
  s'appelle is named
apporté par due to
appréciés liked (p.p.)
appris learned (p.p.)
approché approached (p.p.)
appui support (noun)
après after, afterwards
arbre tree
archipel archipelago
argent money
armoires cupboards
arrêtais (I) stopped
arrêtés stopped (p.p.)
arrière back
arrivais : n'arrivais pas (I) couldn't stop
arrive happens
arrivé(e)(s) arrived, happened (p.p.)
arrivée arrival
arriver to arrive
arriverait would happen
artisinat handicrafts

as (you) have
Asie Asia
assis(e) seated
assister to attend
attardée late
atteindre (to) reach
attendaient (they) were waiting
attendais : m'attendais (I)
expected
attendait was waiting
attendant waiting
attendre (to) wait
attends wait (command)
attendu waited (p.p.)
attire attracts
attirée par drawn to, attracted
to (p.p.)
attristé saddened (p.p.)
au to the, of, at the, in the
  au moins at least
  au revoir goodbye
  au sien (to) hers
aucun, aucune : ne ...
  aucun(e) not any
  sans aucune without any
aurais (I) would have
aurait would have
aussi also, as
autant so much
autour around
autre other
  tout autre completely different
aux to the, in the, for, with
avaient (they) had
avais (I) had
avait had
  avait quarante ans was 40
  years old
  il y avait there were
avancions (we) advanced

avant before
avec with, to
avion airplane
avions (we) had
avis : à mon avis in my opinion
  de son avis in agreement
  with her
avocat lawyer
avoir to have
avons (we) have
avoué confessed (p.p.)
bagne penal colony
bains : salle de bains
bathroom
balcons balconies
bancs banks
base spatiale space center
bâtiment building
battait was beating
battre to beat
beau beautiful, fine
beaucoup a lot
  beaucoup de mal a hard time
beauté beauty
bée : bouche bée open-
mouthed
  elle est restée bouche bée
  her mouth dropped open
  je suis resté bouche bée my
  mouth dropped open
belle beautiful
besoin need (noun)
  avoir besoin de to need
bien well, good
  allais-je bien was I really
  going to
  bien d'autres lots of other(s)
  bien meilleur a lot better
  bien plus a lot more
  bien que even though

bien sûr of course
se pouvaient bien well
  might
voulait, voudrais bien
  would be glad
bienvenu welcome
biguine biguine (a certain
  Caribbean music and dance
  style)
bilingues bilingual
bise kiss on the cheek
  m'a fait la bise kissed me on
    the cheek
  se faisant la bise kissing
    each other on the cheek
bizarre weird
blanc, blanche white
bleu blue
bois wood
boissons gazeuses sodas
bonjour hello
bord edge
bouche bée open-mouthed
  elle est restée bouche bée
    her mouth dropped open
  je suis resté bouche bée my
    mouth dropped open
bout end, piece
  au bout d'un moment after
    a while
bras arms
Brésil Brazil
Brésiliens Brazilians
brillante, brillants brilliant
bruit noise
bruyante noisy
bulle bubble
bureaux desks, offices
  bureaux de poste post
    offices
c' abbreviation for *ce* before *e*

c'est (ce + est) it is, this is,
  that is
c'était (ce + était), c'étaient
  (it) was
ça it, that
cabine publique telephone
  booth
campagne countryside
canopée canopy
car because
carré square (noun)
carrées square (adj.)
carte card
cascades waterfalls
cases huts
cause causes (verb), cause
  (noun)
  à cause de because of
ce it, this, that
  ce dont that (of) which
  ce que that
  ce qui (that) which
ceinture belt
cela, celle that
celles those
celui that
celui-ci he
centre center
  centre ville downtown
centres commerciaux
  shopping centers
cependant however
cercle circle
certainement definitely
ces these, those
cesse : sans cesse constantly
cet replaces *ce* before before *h*
  and vowels (except *e*)
cette this
chaleur heat
chambre room

champs fields
chance : c'était une chance it was lucky
chaque each
chargées loaded (p.p.)
charité : demander la charité to beg
charpente roof
chat cat
chaussures shoes
chemin : en chemin on the way
  sur le chemin du retour on the way back
cher, chères expensive
  coûte très cher is very expensive
cherchais (I) was looking for
cherchait was looking for
chercher to look for
chez with, at the house of
  chez des Indiens to where the Indians live
  chez des particuliers in private homes
chien dog
chimiques chemical
Chinois Chinese
choc shock
choqué de shocked to (p.p.)
chose thing
  quelque chose something
chutes waterfalls
ciel sky
circulation traffic
circule circulates
claqué slammed (p.p.)
cœur heart
  de tout cœur whole-heartedly
coins corners
colère anger
colliers necklaces

combien how much
commandé ordered (p.p.)
comme like, as, since
  comme d'habitude as usual
commençaient (they) were beginning
commençait was beginning
commence begin
commencé started (p.p.)
commencer to begin
comment how
commentaire remark
commerciaux : centres commerciaux shopping centers
communiquer to communicate
complice accomplice
comportement behavior
composé made up (p.p.)
comprenaient (they) included
comprenait understood, included
comprendrai (I) understand
comprendre to understand
comprends (I, you) understand
compris understood (p.p.)
compte : se rend compte (de) realizes
comptez (you) count
comptons (we) count
concentrée concentrated (p.p.)
concours contest
conduire to drive
conduisait was driving, drove
confiance confidence
connaissaient (they) knew
connaissais (I) knew
  connaissait : se connaissait knew each other
connaître to know
connu well-known

consacrer to devote
conseillé advised (p.p.)
considérait considered
constituer (to) make up
contenait contained
content happy, glad
contrairement à unlike, contrary to
contre : par contre on the other hand
convaincre to convince
convaincu convinced (p.p.)
conversaient (they) talked
corps body
correspondons (we) correspond
côte coast
côté : à ses côtés beside him
  passé à côté missed the point
couleur color
coup : coup de téléphone phone call
  du coup as a result
  tout d'un coup suddenly
couramment fluently
courant running
courir to run
courrier électronique email
cours classes
  cours d'eau rivers
courses errands
court runs
couru ran (p.p.)
cousine female cousin
coûtait très cher was very expensive
coûte costs
coutume custom
couvert covered
couverture blanket
crier to yell

cris cries, screams
cristal crystal
  bulle de cristal glass bubble
critère criteria
cuisine cooking, kitchen
  faisait la cuisine cooked
d' abbreviation for *de* before beginning vowels and *h*
  couvert d'un covered by a
  d'abord first
  d'accord in agreement
  d'une ... manière in a ... way
  d'y aller to go there
dans in, to
de of, from, to, some, about
  de son avis in agreement
  mon aîné de older than me by
debout standing
décorées decorated
découvert discovered
découverte : à la découverte for discovering
découvrir to discover
déjà already
demandaient (they) asked
demandais : me demandais (I) wondered
demandant asking
demandé asked (p.p.)
demander la charité to beg
demie half
demi-tour : fait demi-tour turned back
dénoncer to denounce
dents teeth
départ departure
dépenses expenses
déplace : se déplace moves around
déplacements trips
depuis since

dérangeait bothered
dernier, dernière last
des some, of the
descendre to fall, to get out
descendu went down (p.p.)
désespérée desperate
destination : à destination de headed toward
devais (I) should
devait ought to
devant in front of
devenais (I) was becoming
devenait was becoming
devenir (to) become
devenus became (p.p.)
devez (you) should
devrais (I) should
devrait would have to
difficiles difficult
dire (to) say
dis (you) say
disais (I) said
disait said
disant saying
discothèques nightclubs
discuté talked (p.p.)
discuter to talk
disent : se disent (they) say to each other
dises (you) tell
disparu extinct; disappeared (p.p.)
disputaient : se disputaient argued (with each other)
dit said, told (p.p.)
divers, diverses various
dois (I) have to
domestiques servants
  animaux domestiques pets
  tâches domestiques household chores

dommage too bad
donc so, thus
donnait à manger fed
donne gives
donné gave, given (p.p.)
donnent : se donnent la main shake hands (with each other)
donnerait would give
dont of which, in which, where, whose
dormir to sleep
dort : l'on dort they sleep
douanes customs
doué talented
doute doubt
drôles funny
du some, of the
  du coup as a result
  pas du tout not at all
duré lasted (p.p.)
eau water
échangé exchanged (p.p.)
échapper : s'échapper to escape
école school
écoutais (I) listened
écouté listened (p.p.)
écrire to write
écrit wrote (p.p.)
écrivons (we) write
écureuil squirrel
électronique: courrier électronique email
électroniques electronic
élevés raised (p.p.)
elle she, it
elles they, them (feminine)
elle-même herself
éloignée distant
embarcation boat
embarrassée embarrassed

embêtait bothered
embêté bothered (p.p.)
embouchure mouth
emmenaient (they) took
emmené took (p.p.)
employées female employees
empoisonnement poisoning
ému excited
en in (the), while, by, of (them), about it
  de mal en pis from bad to worse
  de plus en plus more and more
  de temps en temps from time to time
  en chemin on the way
  en lui-même by itself
  en même temps at the same time
  en photo her picture
  en plus on top of that, furthermore
  en tant que as
  en train de in the process of
encore still, yet
  encore moins let alone, even less
  je n'étais jamais encore I had never before
encouragé encouraged (p.p.)
endormir : m'endormir to fall asleep
endroit place
  endroit pareil such a place
énervé irritated (p.p.)
enfant child
enfants children
enlever : m'enlever take away from me
énorme enormous

enrichissante rewarding
ensemble together
ensuite then
entendre : m'entendre to get along
entièrement entirely
entourées surrounded
entre between, among
entrée entered (p.p.)
entrer to enter
enveloppé wrapped (p.p.)
envers about
envie : j'avais envie de crier I wanted to shout, I felt like shouting
envies desires (noun)
envisagé considered (p.p.)
envoient (they) send
époque era
esclavage slavery
espace space
espèce sort, kind
  toute espèce any kind
espère (I) hope
esprit mind
  me soit venue à l'esprit came to (my) mind
essaie de try to (command)
essayé de tried to (p.p.)
est is, are
est-ce que are, does, do, did (introduces a question)
  qu'est-ce que, qu'est-ce qui what (asking a question)
es-tu are you
étages floors
étaient (they) were
étais (I) was, had
  je n'étais jamais encore I had never before
était was

étalages displays
état state
Etats-Unis United States
été summer; been (p.p.)
étend : s'étend stretches,
  extends
étendaient : s'étendaient
  (they) extended
étendait : s'étendait extended
  (p.p.)
étendu spread (p.p.)
êtes (you) are
étions (we) were
étoiles stars
étonné surprised
étrange strange
étrangère foreign
étrangers foreigners
être to be
études studies (noun)
étudiait was studying
étudier to study
eu, eus had (p.p.)
eux them
évidemment of course
exagérait un peu was going a
  bit too far (was making too
  much of it)
excusée excused (p.p.)
exercer : m'exercer to learn
expliqué explained (p.p.)
explorer to explore
exprime (I) express
extraterrestre alien
fâché angry
facile easy
façon way
  de toutes façons in any case
faire (to) do, make
  faire la tête to sulk
  faire vivre (to) support

  lui faire surprise to surprise
    him
faisaient : faisaient la tête
  (they) were sulking
faisait made
  ça ne me faisait rien I
    didn't care about that
  faisait de la peine de upset
    (past)
  faisait des fêtes had parties
  faisait longtemps a long
    time before
  me faisait tourner la tête
    made my head spin
faisant : faisant un sourire
  smiling
  se faisant la bise kissing
    each other on the cheek
fait fact; did, done, made (p.p.)
  fait demi-tour turned back
  le seul fait just the fact
  m'a fait la bise kissed me on
    the cheek
  se fait happens
faite made, did (p.p.)
faits made up
fallait : il me fallait I needed
  il nous fallait we had to
fameuse famous
fascinait fascinated
fasciné fascinated (p.p.)
fassent : se fassent la bise
  (they) kiss each other on the
  cheek
fatiguées tired
faudrait : il faudrait you
  should
femmes women
ferais (you) would do
fête party
feuille leaf

février February
fibres fibers
fiers proud
figure face
fille girl
fin : fin de semaine weekend
  mis fin à put an end to
fini finished (p.p.)
finir to finish
finirai (I) will finish
fleurs flowers
fleuve river
fois time
folie craziness
fond : à fond very loud
  au fond d'elle-même deep
  down, in her heart of hearts
font (they) do
forêt forest
forme forms (verb)
forment (they) form
formes forms (noun)
forte high
fou crazy
français French (language; adj.)
francophones French-speaking
frappé struck (p.p.)
fréquentaient (they) hung out
  with
fréquente (I) hang out with
fréquenter (to) hang out with
frère brother
froid cold
frontière border
fusées rockets
gâché ruined
gâchis waste
gagnaient (they) earned
gagnais (I) won
gagné won (p.p.)
gagner to win

garçon boy
gardé kept (p.p.)
gardien security guard
gazeuses : boissons gazeuses
  sodas
gênées embarrassed
génial neat, cool
gens people
gentille, gentils nice
gentillesse kindness
géographique geographical
grand big, tall, tremendous,
  great
grenouilles frogs
grillés grilled
grosse chaleur high heat
guerre war
Guyanais Guyanese (noun)
guyanais Guyanese (adj.)
Guyane Guyana
habillaient : s'habillaient
  (they) were dressed
habit clothes
habitants inhabitants
habitude : d'habitude usually
  je n'avais pas l'habitude de
  I wasn't used to
habituellement usually
haine hatred
hamac hammock
heure hour
heureusement fortunately
heureux happy
histoire story
  toute une histoire de quite
  an undertaking to, no small
  matter to
homme man
honnête honest
honneur honor
honte : avaient honte (they)

were ashamed
  rougi de honte blushed,
  turned red from embarrassment (p.p.)
honteuse ashamed
hôpitaux hospitals
horrifiée horrified
ici here
idée idea
ignore (I) don't know
ignoré ignored (p.p.)
il he, it
îles islands
ils they
images pictures
imaginé imagined (p.p.)
immensité immensity
importante : plus importante
 heavier
importantes significant
importé imported
incroyable unbelievable
indien Indian
inespérée unexpected
infime minute, tiny
inhabituel unusual
inquiet, inquiète worried
insisté insisted (p.p.)
insolite strange, unfamiliar
installés living, in
  nous nous sommes
   installés we got settled
intéressait interested (past)
intéressant interesting
intéresse : m'intéresse
 interests me
  s'intéresse is interested
intérêt interest
invitais (I) invited
invitait invited
invité guest

invitée female guest
irions (we) would go
j' abbreviation for *je* before
 beginning vowel or *h*
jamais never, ever
  ne ... jamais never, not ever
  ne ... jamais plus never
  again, not ever again
jardin garden
jardinage gardening
je I
  je m'appelle my name is
jeune young
jeunes young people
jeux games
jolies pretty
jouait was playing
joue cheek
jour day
jour-là : ce jour-là that day
journée day
  la journée during the day
jure (I) swear
jusqu'à up to
jusqu'au up to the
juste just, right
kilos kilograms
l' abbreviation for *le* or *la* before
 beginning vowel and *h*
la the; her, it
là there
là-bas there
lacs lakes
laisse leaves
laissé(s) left, let (p.p.)
  laissé tomber ditched,
  dropped, let down
laisser to let, allow
lancées launched
laquelle which
large width

larmes tears
le the; it
  le sien hers
légendes legends
légumes vegetables
lendemain next day
lequel which
les the, them
lesquelles which
leur to them
leurs their
levée : s'est levée got up (p.p.)
librement freely
lire to read
lits beds
littoral coast
livre book
loin far
long : le long de along
longtemps long
  faisait longtemps a long
  time before
longue, longues long
longueur length
lors de during
lorsque when
lui (to) him, it
lui-même : en lui-même by
  itself
luxe luxury
luxueux luxurious
lycée high school
m' abbreviation for *me* before
  beginning vowel or *h*
ma my
magasins stores
magie magic
magique magical
magnifique magnificent
main hand
maintenant now

mais but
maison house
majeur legal age
majorité majority
  en majorité mainly
mal bad, harm, trouble
  beaucoup de mal a hard time
  de mal en pis from bad to
  worse
  pas mal quite a few
  quel mal what harm
malade sick
malgré despite
mangé eaten
manger (to) eat
manière way
manque : je leur manque
  they miss me
manquer (to) miss
marchaient (they) walked
marchait was walking
marchandes female merchants
marchandises goods
marchant walking
marché market
marches walks (noun)
mari husband
mariée married
marines sea
marque : de marque brand
  name
matin : le matin in the morn-
  ings
mauvaise bad
me (to) me
médecin doctor
médicaux medical
meilleur : à meilleur prix at
  a better price
  bien meilleur a lot better
meilleurs best

membre member
même same
  le jour même that very day
ménage housework
menti lied (p.p.)
mer sea
mercure mercury
mère mother
mère-célibataire single
 mother
mérengué a regional dance
merveilleuse marvelous
mes my
métier profession
métisse mixed race
mettent (they) put (present)
  se mettent (they) start
mettre to put
meuble furniture
mienne : la mienne mine
mieux better
milieu middle
mille thousand
minorité minority
mis put
  je me suis mis I started
  mis fin put an end
  s'est mis started
mode fashion, way
  à la mode in style
moi me
moins less
  au moins at least
  encore moins let alone, even
  less
mois month
moitié : la moitié half
moment : au bout d'un
 moment after a while
  je ne peux rester qu'un
   moment I can only stay for

a short time
moment-là : ce moment-là
 that moment
mon my
monde world
  tout le monde everyone
monter to climb
montraient (they) showed
montres (you) show
morceau, morceaux piece
morts dead
moteur motor
moustiquaire mosquito net
mur wall
musée museum
musique music
n' abbreviation for *ne* before
 beginning vowel or *h*
  il n'y a pas there is not
  n'y not there
nationaux national
naturellement naturally
  tout naturellement completely naturally
ne ... pas not
ne ... aucun not any
ne ... jamais never
ne ... personne no one
ne ... plus not any more
ne ... que only
ne ... rien nothing
nerveux nervous
neuf nine, new
neuves new
nez nose
  m'a claqué la porte ... au
   nez slammed the door in my
   face
ni ... ni neither ... nor
noir black
Noirs black people

nom name
nombreux, nombreuses many, numerous
non no, not
nord north
  nord-est northeast
nos, notre our
nourriture food
nous we, us
nouveau : à nouveau once again
nouvel new
nouvelle news
Nouvelle-Orléans New Orleans
nuages clouds
nuit night
nuit-là : cette nuit-là that night
nul : sans nul doute without any doubt
nulle part nowhere
numérique digital
  appareil photo numérique digital camera
nus naked
oblige : on l'oblige she is forced, they force her
obligée obligated
observaient (they) observed
occasion opportunity
occupaient : s'occupaient de (they) took care of
odeurs odors
œufs eggs
offert offered (p.p.)
offrir to offer
oiseaux birds
on they, one, we
  l'on they
oncle uncle

ont (they) have
or gold
ordinateur computer
organisait gave or threw (a party)
organisé gave or threw (a party) (p.p.)
organisés organized
orpailleurs gold washers
ou or
où where
oublié forgot, forgotten (p.p.)
oublier to forget
oublierai (I) will forget
ouest west
ouvertes open
pancarte sign
paniers baskets
papillons butterflies
par for, to, by, per
  par contre on the other hand
paraissaient (they) seemed
paraissait appeared, seemed
paraît appears
parce que because
parcelles plots of lands
parcourant traveling down
parcourir to walk, to travel
parcs parks
pareil : endroit pareil such a place
pareille same
parents parents, relatives
parfait perfect
parfois sometimes
parlaient (they) spoke
parlais (I) spoke
parlait spoke
parlant speaking
parle (I) speak
  parle de tells about

parlé spoken, told, talked (p.p.)
parler (to) talk
parlions (we) talked
parmi among
part : nulle part nowhere
partager to share
participer (to) participate
particulière unusual
particulièrement particularly
**particuliers : chez des
  particuliers** in private homes
partie left (p.p.)
partir to leave
partout everywhere
pas not
  pas mal quite a few
  pas du tout not at all
passais (I) spent, was spending
passait : se passait happened
passe (I) spend
passé happened (p.p.)
passé à côté missed the point
passent (they) spend
passer (to) spend
passerait : se passerait would
  happen
passés spent (p.p.)
pauvreté poverty
payer to pay
pays country
paysages landscapes
peau skin
peine pain
  faisait de la peine de upset
  (past)
  valait la peine was worth it
peint painted (p.p.)
pendant during
pensais (I) thought
pensait thought
pensant thinking

pense (I) think
pensé thought (p.p.)
penser (to) think
perdiez (you) lose
perdre : se perdre to get lost
perdu lost (p.p.)
père father
périples journeys
permet allows
permettait gave the opportunity
permis permitted (p.p.)
personne nobody (with *ne*)
personnes people
peser (to) weigh
petit young
petite amie girlfriend
peu little
  attends un peu wait a
  minute
  peu après soon after
  un peu a bit
peur : j'avais peur I was afraid
peut can
  il se peut it could be
peut-être maybe
peuvent (they) can
peux (I) can
photographe photographer
  un simple photographe
  merely a photographer
photographie photography
pirogue dugout canoe
pis : de mal en pis from bad to
  worse
piscine swimming pool
place town square
  sur place in place
plage beach
plaignaient : se plaignaient
  (they) complained
plaindraient : se

plaindraient (they) would complain
plaire : me plaire to please me
plaisait : me plaisait I liked, pleased me
plaisir pleasure
plein full
plongée diving (noun)
plu rained, pleased (p.p.)
  m'avait beaucoup plu had pleased me a lot
pluie rain (noun)
plumes feathers
plupart : la plupart most
plus more
  de plus en plus more and more
  en plus on top of that, furthermore
  le/la plus the most
  ne ... plus anymore
  plus tard later
  plus de more than
plutôt rather
poche pocket
poissons fish
politique politics
pondre to lay
portable cellphone
portaient (they) were wearing
portait was wearing
portant carrying
porte door
portefeuille wallet
portent (they) wear
pose : ne pose de problèmes is no problem
posé asked (p.p.)
poste : bureaux de poste post offices
poulet chicken

pour for, to
  pour que in order that
pourquoi why
pourra will be able
pourrai (I) will be able
pourrions (we) could (conditional)
pousser (to) push
pouvaient (they) could (past)
pouvais : je n'en pouvais plus I couldn't stand it any more
pouvait could (past)
pouvions (we) could (past)
pouvoir (to) be able
pratiquer to practice
précieux precious
précis exact
préférais (I) preferred
préférerais (I) would prefer
préjugés prejudices
premier, première first
prenais (I) took
prenait was taking
prenant taking
prendrais (I) would take
prendre to take
prenne (I) take
prennent (they) take
prennes (you) take
prénom first name
préparé prepared (p.p.)
près near
présentaient (they) introduced
présentés introduced (p.p.)
presque almost
preuve : fait preuve demonstrates
principalement mainly
pris, prise took, taken (p.p.)
prisonniers prisoners

privée private
prix prize, price
proche close
produits products
profitaient (they) profited (used)
profitant profiting
proies prey
promenade walk (noun)
promenant walking
promenions (we) walked
promis promised (p.p.)
proposé proposed (p.p.)
propre own
propriétaire owner
propriété property
protégé protected (p.p.)
provenaient (they) came from
pu : n'ai pas pu (I) was not able to
publique public
puis then
puisse (I/she) could
qu' abbreviation for *que* before beginning vowel or *h*
  je ne peux rester qu'un moment I can only stay for a short time
  qu'est-ce que, qu'est-ce qui what (asking a question)
quand when
quant as for
quarante 40
quarante-cinq 45
quartier neighborhood
quatorze 14
que that, as, which, what
  bien que although
  ne ... que only
  parce que because
quel what a

quel mal what harm
quelle what
quelqu'un someone
quelque chose something
quelquefois sometimes
quelques a few, some
quête search
qui which, who
  ce qui that which
quitté : on s'est quitté we left each other (p.p.)
quitter to leave
quoi which
racontaient (they) told
racontait was telling
raconte tells
raconté told (p.p.)
raconter to tell
raison reason
  avait raison was right
  il se peut que tu aies raison you might be right
rappelais : me rappelais remembered
rappelait reminded
rapprochions (we) moved closer
rassurée relieved
ravi delighted
réalisé realized (p.p.)
réalité : en réalité actually
recevant receiving
recevoir to have (as a guest)
recherche : à la recherche searching for
récolter (to) pick
reconnaissant grateful
reconnaître to recognize, to admit
reconnue recognized (p.p.)
recouverts coated
redevenus became again

réfléchir to think
reflets sheen
réflexion comment
réfugiés took refuge, taken refuge (p.p.)
refus refusal
refusé refused (p.p.)
regard view, look (noun)
regardais (I) watched
regardé looked (p.p.)
regarder (to) look at
rejoindre to return to
relaxais : me relaxais (I) relaxed
remercié thanked (p.p.)
remettes (you) give back
remis gave back (p.p.)
remonté gone back up (p.p.)
remontée trip up (noun)
rencontrais (I) would meet
rencontré met (p.p.)
rencontrer to meet
rend makes
  se rend compte (de) realizes
rendait : me rendait made me
rende : sans que je m'en rende compte without me realizing it
rendre : se rendre to go
rendront visite (they) will visit
rentré returned (p.p.)
rentrer (to) return
repas meal
répété repeated (p.p.)
répondait answered
répondre to answer
répondu answered (p.p.)
réponse answer (noun)
reposais : me reposais (I) took a break
repose : me repose (I) take a rest

réprimande : avec un air de réprimande in a scolding manner
reproduisent : se reproduisent (they) reproduce
réservé reserved
réserver : me réserver la Guyane does Guyana have in store for me
ressemblaient (they) resembled
ressentais (I) felt
ressenti felt (p.p.)
restaient : me restaient I had left, (they) were left to me
restais (I) stayed
restait stayed
reste stay (noun); (I) stay
resté stayed (p.p.)
rester to stay
retenait caught
retenu held
retour return (noun)
  de retour back (returned)
  sur le chemin du retour on the way back
retourné returned (p.p.)
retournerais (I) would return
retournons let's return
retrouverons : nous nous retrouverons we will meet again
réussi succeeded (p.p.)
réussira will succeed
rêvais (I) dreamed
rêve dream (noun)
rêvé dreamed (p.p.)
revenais : je n'en revenais pas I couldn't get over it
revenu returned (p.p.)

reverrai (I) will see again
revienne (I) come back
revoir : au revoir goodbye
riaient (they) laughed
riches wealthy people
ridicule ridiculous
rien : ne ... rien nothing
  de ne rien dire to say nothing
  rien à voir avec nothing to do with
  rien besoin no need
rire to laugh
risque risk
rivières rivers
rizières rice fields
rompre to break
rond(e) round
rouge red
rougi de honte blushed, turned red from embarrassment (p.p.)
route (dirt) road, travel
rue road, street
s' abbreviation for *se* or *si* before beginning vowel or *h*
sable sand
sac bag
sachant knowing
sais (I) know
saison season
salle de bains bathroom
salon living room
salut hi
sanctuaire sanctuary
sans without
  sans cesse constantly
sauf except
savais (I/you) knew
savait knew
savoir to know
se each other, himself, herself, itself, themselves, oneself (in reflexive verbs)
seize 16
séjour stay
selon according to
semaine week
  fin de semaine weekend
semblables similar
semblait seemed
sentais (I) thought
  me sentais (I) felt
sentait : se sentait felt
sentant : me sentant feeling
senti felt (p.p.)
sentiments feelings
sentir to feel
séparation boundary
sépare separates
séparé : me suis séparé (I) split up with
serai (I) will be
serait would be
serpents snakes
serrés : nous nous sommes serrés dans les bras we hugged each other
serviette napkin
ses her, his
seul alone, only
  le seul fait just the fact
seulement only
sévère strict
si if
siècle century
siège seat
sien : le sien hers
simple photographe mere photographer
simplement just
simples plain
singe monkey

situation location, situation
situé(e) located
sœur sister
soient : tenait ... à ce que ses enfants soient insisted that her children be
soir : le soir in the evenings
soir-là : ce soir-là that evening
sois (I) was
soit : me soit venue à l'esprit came to (my) mind
soleil sun
sommes (we) are
son his, her, its
sont (they) are
sortais (I) went out
sortant leaving
sorte kind (noun)
sorti got off, left (p.p.); took out
sortie left (p.p.); exit (noun)
sortir to take out
soupiré sighed (p.p.)
souri smiled (p.p.)
souriait smiled
sourire (to) smile; smile (noun)
sous in, under
souvenais : me souvenais (I) remembered
souvenir : me souvenir (to) remember
souvent often
soyez (you) are
spatial space
sportive sports
su learned (p.p.)
sud south
sud-américain South American
suffisant sufficient
suis (I) am
suite : tout de suite immedi-

ately
suivait took
suivant next, following
suivi followed (p.p.)
supermarchés supermarkets
supplémentaires supplementary
sur on, of, about
  sur place in place
  sur des kilomètres for miles
sûr : bien sûr of course
surfais (I) surfed
surnommait nicknamed
surpris surprised (p.p.)
surprise surprised (adj.), surprise (noun)
surtout especially
sympa, sympathiques nice
t' abbreviation for *te* before beginning vowel or *h*
ta your
tâches domestiques household chores
tant so much, so many
  en tant que as
tante aunt
tard : plus tard later
tardait delayed
Tatie Auntie
te (to) you; yourself (in reflexive verbs)
tel : un tel regard such a look
télé TV
téléphoner to phone
tels que such as
temps time
  de temps en temps from time to time
tenaient (they) were holding
tenait insisted
tendait held out

tendresse tenderness
terminait : se terminait
 ended
terre ground
territoire territory
terrorisé terrified
tes your
tête head
 faisaient la tête (they) were
 sulking
 me faisait tourner la tête
 made my head spin
tiennent debout (they) keep
 standing
timidité : avec timidité timidly
tissu fabric
toi you
toile cloth
toit roof
toiture roofing
tombée fell, fallen (p.p.)
tomber to fall
 laissé tomber ditched,
 dropped, let down
ton your
 d'un ton fâché angrily
tortues turtles
touché touched (p.p.)
toujours always
tournaient (they) revolved
tourner : me faisait tourner
 la tête made my head spin
tous all of them
 tous les deux both
tout everything, completely
 de tout cœur whole-heartedly
 pas du tout not at all
 tout autre completely
 different
 tout de suite immediately
 tout d'un coup suddenly

 tout le monde everyone
toute the whole
 toute espèce any kind
 toute une histoire de quite
 an undertaking, no small
 matter
toutes all
 de toutes façons in any case
train : en train de in the
 process of
traitaient (they) treated
traitement treatment
trajet trip
transporté transported (p.p.)
travail work (noun)
travaillaient (they) worked,
 were working
travaillait worked, was working
travaille works (verb)
travaillent (they) work
travailler to work
travers : à travers through
traversée crossing (noun)
trébuché tripped (p.p.)
tribu tribe
triste sad
tronc trunk
trop too, too much, too many
troué with holes
trouée gap
trouvais (I) found
trouvait : se trouvait was
 located
trouve find(s)
 on trouve, se trouve is
 located
trouvé found (p.p.)
trouver to find
trouves (you) find
tu you
tué killed (p.p.)

un, une a, one
université : à l'université in college
usées worn out
utilisent (they) use
utiliser (to) use
va goes
vais (I) am going
valait la peine was worth it
végétales vegetable (adj.)
venant coming
vendaient (they) sold
vendant selling
vendeurs vendors
venir to come
venu came (p.p.)
venue : me suis venue came to me
verdure greenery
véritable true
vers toward
vert green
vêtements clothes
vêtue(s) dressed (adj.)
veux (I) want
vide empty
vie life
vieilles old
viennent (they) come
ville town
vingt-deux 22
virages curves
visage face
visité visited (p.p.)
visiter to visit
visiteurs visitors
vite fast
vivaient (they) lived
vivais (I) was living
vivait lived
vivent (they) live

vives bright
vivions (we) were living
vivre : faire vivre to support
voient (they) see
voies ways
voile veil
voir (to) see
  rien à voir avec nothing to do with
vois (I) see
voisins neighbors
voit sees
voitures cars
vol theft
vole robs
volé stolen
voler to steal
voleuse female thief
vont (they) are going
vos your
votre your
vôtre : la vôtre yours
voudrais (I) would like
voulaient (they) wanted
voulais (I) wanted
voulait wanted
  voulait bien would be glad
vous you
voyage trip
voyageais (I) traveled
voyager to travel
voyais (I) saw
voyait saw
voyant seeing
vrai true
vraie real
vraiment really
vu saw, seen (p.p.)
vue view; saw, seen (p.p.)
y there, in it
yeux eyes

L'ECRIVAIN

Veronica Moscoso est un écrivain équatorien qui a voyagé partout dans le monde et qui vit actuellement en Californie. Elle a travaillé comme professeur, journaliste, rédactrice en publicités, éditrice et productrice en radio. C'est une très bonne observatrice des comportements humains. Son premier livre intitulé *Historias con sabor a sueño*, a été publié en Equateur. Pour toute information à ce sujet, consultez son website:

www.veromundo.com

THE AUTHOR

Verónica Moscoso is an Ecuadorian writer who has traveled around the world and now lives in California. She has worked as a teacher, a journalist, an advertising copy writer, an editor and a radio producer. She is a keen observer of humanity. Her first book, titled *Historias con sabor a sueño*, was published in Ecuador. For more information, see her website:

www.veromundo.com

L'ADAPTATRICE

Monique Gregory, qui a fait l'adaptation française de *Les Yeux de Carmen*, est professeur au lycée de Montrose, dans le Colorado. Elle est née en Guadeloupe, dans les Antilles françaises, où elle a passé toute son enfance. Puis elle a vécu en France, où elle a fait des études en Psychologie dans l'Université de Haute Bretagne. Elle vit depuis 17 ans aux Etats-Unis.

THE ADAPTER

Monique Gregory, who adapted *Les Yeux de Carmen* to French, teaches French at Montrose High School in Colorado. She was born in Guadeloupe in the French Antilles, where she spent her childhood, and then moved to France. She has a Masters in Psychology from the University of Haute Bretagne. She moved to Colorado 17 years ago after a period of extensive travel all over the world (Asia, Europe, Australia, North Africa).

L'ILLUSTRATEUR

Pol est un pseudonyme pour **Pablo Ortega López**, un illustrateur distingué qui a fait une longue carrière dans le dessin et l'illustration et qui a reçu de nombreux prix. Il travaille actuellement dans les dessins animés. Pol a fait le dessin sur la couverture du livre *Les Yeux de Carmen*. Pour information, consultez son website: www.polanimation.com

THE ILLUSTRATOR

Pol is the pseudonym of **Pablo Ortega López**, a distinguished prize-winning Ecuadorian illustrator who has had a long career in drawing and illustration. He is currently working in animation. Pol created the drawing on the cover of *Les Yeux de Carmen*. For information, see his website:

www.polanimation.com

LES HISTOIRES

Par ordre de difficulté, en commençant par les plus faciles, les histoires de Lisa Ray Turner et Blaine Ray (et de Verónica Moscoso et Patricia Verano et de Magaly Rodríguez) traduites en français sont:

Niveau élémentaire
Jean-Paul et ses bonnes idées*°
(de Magaly Rodríguez)

Niveau 1
A. Pauvre Anne*†^° (de Blaine Ray seulement) 🆑📹♪
B. Fama va en Californie*†° 🆑
(de Blaine Ray seulement)
C. Presque mort*†°
D. Le Voyage de sa vie*†

Niveau 2
A. Ma voiture, à moi*†
B. Où est passé Martin ?*
C. Le Voyage perdu*
D. Vive le taureau !*

Niveau 3
Les Yeux de Carmen*°
(de Verónica Moscoso)

* Les versions espagnoles dans le même ordre:
Berto y sus buenas ideas°
(de Magaly Rodríguez)
Pobre Ana *†^° 🆑📹♪
Pobre Ana: Edición bilingüe[1]
Patricia va a California *†° 🆑📹♪
Casi se muere *†° 🆑📹♪
Amigos detectives°[1]
(de Patricia Verano)
El viaje de su vida *† 🆑📹♪
Pobre Ana bailó tango°[1]
(de Patricia Verano, Verónica Moscoso et Blaine Ray)
Mi propio auto *† 🆑📹
¿Dónde está Eduardo? * 🆑📹
El viaje perdido * 🆑📹
¡Viva el toro! * 🆑📹♪
Los ojos de Carmen*° 🆑
(de Verónica Moscoso)

Vida o muerte en el Cusco°[1]
Todo lo que brilla[1] (de Chris Mercer)
En busca del monstruo[1]
(de Pablo Ortega López y Patricia Verano)

† Les versions allemandes déjà publiées:
Arme Anna 📹♪
Petra reist nach Kalifornien
Fast stirbt er
Die Reise seines Lebens
(Niveau 2)
Mein eigenes Auto

^ La version russe déjà publiée:
Бедная Аня

° Les versions anglaises déjà publiées:
Berto and His Good Ideas
Friendship Matters[1]
(de Victoria Warrior)
Poor Ana
Patricia Goes to California
He Almost Dies
Detective Friends[1]
Poor Ana Danced the Tango[1]
The Eyes of Carmen
Life or Death in Cusco[1]

La version italienne déjà publiée:
Povera Anna

🆑 Il existe version CD audio.

📹 Il existe version DVD film.

♪ Il existe CD de chansons de l'histoire.

....

[1] N'existe pas encore en français.

To obtain copies of

Les Yeux de Carmen

contact

TPRS Books

or

Command Performance Language Institute

(see title page)

or

one of the distributors listed below.

DISTRIBUTORS

of Command Performance Language Institute Products

Sosnowski Language Resourses Pine, Colorado (800) 437-7161 www.sosnowskibooks.com	*Midwest European Publications* Skokie, Illinois (800) 277-4645 www.mep-eli.com	*World of Reading, Ltd.* Atlanta, Georgia (800) 729-3703 www.wor.com
Applause Learning Resources Roslyn, NY (800) APPLAUSE www.applauselearning.com	*Continental Book Co.* Denver, Colorado (303) 289-1761 www.continentalbook.com	*Delta Systems, Inc.* McHenry, Illinois (800) 323-8270 www.delta-systems.com
TPRS Academy Broek in Waterland THE NETHERLANDS (31) 0612-329694 www.tprsacademy.com	*Taalleermethoden.nl* Ermelo, THE NETHERLANDS (31) 0341-551998 www.taalleermethoden.nl	*Adams Book Company* Brooklyn, NY (800) 221-0909 www.adamsbook.com
TPRS Publishing, Inc. Chandler, Arizona (800) TPR IS FUN = 877-4738 www.tprstorytelling.com	*Teacher's Discovery* Auburn Hills, Michigan (800) TEACHER www.teachersdiscovery.com	*MBS Textbook Exchange* Columbia, Missouri (800) 325-0530 www.mbsbooks.com
International Book Centre Shelby Township, Michigan (810) 879-8436 www.ibcbooks.com	*Carlex* Rochester, Michigan (800) 526-3768 www.carlexonline.com	*Tempo Bookstore* Washington, DC (202) 363-6683 Tempobookstore@yahoo.com
Follett School Solutions McHenry, IL 800-621-4272 www.follettschoolsolutions.com		*Piefke Trading* Selangor, MALAYSIA +60 163 141 089 www.piefke-trading.com